RÉFLEXIONS

SUR

L'ART THÉÂTRAL,

PAR

J. MAUDUIT-LARIVE.

A PARIS,

CHEZ RONDONNEAU, AU DÉPÔT DES LOIS,

Place du Carousel.

Et chez les marchands de Nouveautés.

———

AN IX.

SE TROUVE

Chez

PERISSE - MARSIL, ... à Lyon.

BERGERET , ... à Bordeaux.

LEVRAULT , ... à Strasbourg.

WEISSENBRUCK , ... à Bruxelles.

MAME , ... à Angers.

FOREST , ... à Nantes.

CAPON , ... à La Rochelle.

PERIAUX , ... à Rouen.

RÉFLEXIONS

SUR

L'ART THÉÂTRAL.

A une époque où les vrais amateurs qui restent encore à Thalie et à Melpomène, déplorent la décadence de nos grands Théâtres, et où tous ceux qui s'intéressent à leur restauration, font des vœux pour qu'un ministre, ami et protecteur des arts, s'en occupe sérieusement, qu'il soit permis à celui qui a exercé pendant trente ans, cet art difficile, de jetter sur le papier quelques réflexions tendant à indiquer les causes principales de cette décadence, et quelques moyens d'en arrêter les progrès.

Je sens combien il est difficile pour moi d'exprimer avec énergie et justesse, tout ce qui tient au sublime de cet art : je sens tout le danger de la tâche que je m'impose. Mais je me rassure en pensant que ces mêmes bontés que le public m'a prodiguées pendant si long-temps, me mériteront encore son indulgence, en faveur de mon zéle et de mon amour pour mon art.

Je vais donc, sans prétention, tracer ce que je pense, et ce que j'ai senti dans le courant de ma carrière théâtrale. Si je suis assez heureux pour inspirer quelqu'intérêt, et pour mériter une plus grande confiance, j'oserai alors me développer davantage, en donnant un jour un ouvrage plus étendu. Je hasardai, il y a cinq ans, dans le Moniteur, quelques observations, qui furent lues avec intérêt, et que je crois pouvoir rappeler ici comme faisant partie de mon sujet.

Il n'est personne qui ne sente que le dépérissement de l'art tient essentiellement à la difficulté de trouver des successeurs à ceux qui ont fait les beaux jours de la scène française; cette difficulté prend évidemment sa source, et dans l'opinion décourageante des peines, des travaux et des dégouts dont cette carrière épineuse est semée, et dans la malheureuse facilité que trouve la jeunesse à se procurer des succès éphémères, et un avancement plus rapide sur nos petits théâtres.

Une autre cause, qui n'a pas moins contribué à énerver les effets d'une diction pure, est celle qui tient à la grandeur démesurée de nos nouvelles salles, et à leur genre de construction.

La perfection du talent des comédiens tient à

la vérité ; la vérité ne veut que des moyens naturels, et l'on cesse d'être vrai, lorsque l'on est forcé de composer avec ses moyens.

La nature inépuisable, en variant les caractères et les organes comme les figures, ne donnant pas à tous les mêmes moyens, il arrive souvent que ceux des acteurs à qui elle a refusé ces avantages, croyent les remplacer en se formant des organes factices, et perdent par-là, au contraire, cet accent de l'ame qui pénètre et captive celle des spectateurs.

Le premier desir du comédien est de plaire et d'être applaudi. Si la grandeur de la salle ne lui permet pas d'animer et d'échauffer le public dans les choses qui n'exigent que l'accent du sentiment et la vérité simple, il s'attache alors aux intonations fortes qui lui ont le plus réussi ; il les ramène sans cesse, et, par-là, tombe dans une monotonie qui devient, à la longue, fastidieuse et insoutenable. N'étant plus le maître de s'abandonner aux émotions qu'il éprouve, toujours en garde contre la faiblesse de ses moyens, lorsqu'il est vraiment ému, il est obligé de se souvenir que trois mille personnes, qui veulent l'entendre, ne lui feraient pas grâce d'un soupir s'il est étoufé. Quand l'acteur sacrifie l'accent sentimental de sa voix, tout est perdu pour le talent.

L'ancienne salle du fauxbourg Saint-Germain est celle où Thalie et Melpomène avaient établi leur empire et où l'on a vu leur plus beau règne ; c'est là que se sont formés les *Dumenil*, les *Clairon*, les *Gaussin*, les *Dangeville*, les *Baron*, les *Le Kain*, les *Brisard*, les *Preville*, etc. etc. Cette salle avait les justes proportions favorables à tous les accens de la voix ; et ces accens ne perdaient rien de leur charme dans les intonations, même les plus moëleuses et les plus simples ; les spectateurs y jouissaient sans effort et sans inquiétude : le théâtre, plus facile à éclairer, permettait de tout voir, et la scène muette n'était pas perdue comme elle l'est aujourd'hui. Le célèbre *Le Kain* était si persuadé qu'une trop grande salle est nuisible au talent et à la verité, qu'il ne voulût consentir à jouer dans celle des Tuileries, qu'à condition que l'on en rapprocherait le fond : ce qui fut fait sans égard à la perte de quarante ou cinquante mille livres de recette annuelle ; et cependant cette salle était moitié moins grande que celles qui existent aujourd'hui.

Je n'ignore pas qu'il y a, en Italie, plusieurs salles immenses dans lesquelles un soupir même est entendu ; mais l'art de les construire avec cette perfection, n'est pas encore arrivé jusqu'à nous.

L'essai que j'ai fait sur plus de cinquante théâtres où j'ai joué dans mes différens voyages, m'a prouvé que ceux qui sont dans de justes proportions, sont les seuls favorables. Je pouvais m'y livrer sans efforts et sans fatigues à mes moyens naturels ; je pouvais captiver les spectateurs au point de disposer à mon gré de toutes leurs sensations : pour réussir à cet égard, il faut qu'un geste, un regard puisse être saisi sans être forcé, et que le jeu de la phisionomie, avant-coureur des expressions de l'ame, soit vu également de tous les spectateurs.

La scène muette soutient l'intérêt de la représentation, et contribue le plus à son ensemble.

Le défaut de proportion dans nos nouvelles salles, est d'autant plus nuisible au succès des acteurs, qu'il leur est impossible de satisfaire également, et ceux qui sont trop près et ceux qui sont trop loin ; ils doivent nécessairement paraître trop forcés pour les uns et trop faibles pour les autres.

Marmontel dans ses observations sur l'art de la déclamation, a dit : « Qu'il fallait que la » prononciation fût plus marquée que dans la » société où l'on se communique de plus près, » mais toujours dans les proportions de la pers- ›ctive, c'est-à-dire, de manière que l'expression la voix fût réduite au dégré de nature lors- » qu'elle parvient aux oreilles des spectateurs. »

Je crois que Marmontel s'est trompé sur cet article ; il est impossible que la voix, si elle est forcée en sortant de la bouche de l'acteur, parvienne d'une manière naturelle aux oreilles des spectateurs ; dans ce cas elle doit nécessairement perdre son accent et son velouté, et ne peut arriver jusqu'à ceux qui sont les plus éloignés, que dure et sèche. Si l'acteur, sans égard pour la grandeur de la salle, est vrai et naturel, sa voix ne parvient alors à ceux qui sont les plus éloignés, que faible et sans expression. Un des grands obstacles qui y nuit encore, tient particulièrement à la construction de la salle de la République, où les colonnes et les cloisons qui séparent les loges, ne contribuent pas moins à intercepter la voix, que ceux qui les remplissent, et qui souvent ne se croyent pas plus obligés de se contraindre que chez eux. Ceux qui veulent entendre n'ont plus la facilité de témoigner leur mécontentement à ceux qui troublent leur plaisir; et il résulte de tous ces inconvéniens un bruit sourd, qui nuit à tous les beaux effets de la représentation. L'acteur qui en est inquiété, ne s'entendant pas lui-même, quelquefois n'est plus maître de prendre sa voix dans le ton qui lui est naturel.

Je pense encore qu'un spectacle aussi grave que la tragédie est déplacé dans le quartier le plus bruyant de Paris, où tous les genres de plaisirs sont réunis. Je désirerais que Melpomène ne se trouvât plus sous les pas des oisifs, qui viennent plus souvent pour les spectateurs, que pour le spectacle.

Le fauxbourg Saint-Germain, son ancien quartier, était le lieu qui lui convenait le mieux. L'Université lui fournissait ses amans fidèles ; depuis qu'elle les a perdus, elle n'en rencontre plus que d'inconstans.

Un des avantages qui facilitaient le plus les progrès des talens, tenait à l'intérêt vif que les gens de goût et vraiment connaisseurs leur portaient. Ils étaient en plus grand nombre dans une petite salle, qu'ils ne le sont aujourd'hui dans une grande ; ils pouvaient y donner le ton, maintenir les acteurs dans leur moyens naturels, éclairer les jeunes talens quand ils s'éloignaient du caractère donné à leur personnage : ce moyen de perfection n'existe plus depuis les pertes irréparables que les arts ont faites.

Je ne m'étendrai pas sur les qualités nécessaires à ceux qui se destinent au théâtre : il les faudrait toutes au physique et au moral ; mais la nature, avare de ses dons, ne les prodigue pas à un seul individu ; celui qui ne tient d'elle aucun de ces défauts qu'il est impossible à l'art de corriger, qui joint à une grande sensibilité un goût décidé pour le théâtre, peut, avec beaucoup de courage et de constance, s'élancer dans cette carrière épineuse, et doit encore s'estimer heureux s'il parvient à y cueillir quelques fleurs. Il est nécessaire, pour atteindre à la perfection, d'avoir un organe vigoureux, souple et sensible, qui puisse s'identifier avec l'ame de l'acteur, et se confondre tellement avec les différens sentimens qu'il veut exprimer, que tout en lui ne fasse qu'un. La voix doit avoir un ensemble parfait avec l'expression, et avec le geste, qui doit toujours précéder l'action. Celui qui est assez heureux pour être parfaitement d'accord avec lui-même, et dont tout l'ensemble contribue également à ce qu'il veut exprimer, sera un grand acteur; mais très-peu réunissent ces rares qualités : beaucoup n'ont de chaleur que dans la tête, d'autres que dans la poitrine; d'autres enfin, qui ne sentent rien, n'en ont qu'une factice, qui peut tromper quelque temps le public, mais qui ne le séduira jamais.

Tout acteur qui se sent gêné dans ses mouvemens est mal dessiné; celui qui l'est dans sa voix n'est pas vrai; celui qui est parfaitement *attaché*, est toujours posé d'une manière noble et facile.

L'art peut suppléer quelquefois à ce qui manque, mais l'art ne peut égaler la nature.

L'art d'être vraiment tragique tient seul aux émotions de l'ame; c'est un talent d'inspiration, qui souvent se donne et se reçoit entre les acteurs et les spectateurs, et qui exige une sensibilité exquise, sans laquelle il est impossible d'atteindre à la perfection. Il faut enfin, par une grande mo-

bilité , tâcher de se pénétrer de tous les caractères,
au point de s'oublier soi-même, de transporter
son ame dans celle des héros que l'on représente,
et de les confondre au point de ne pouvoir se retrouver qu'après s'être dépouillé de leur costume.
Celui qui est assez heureux pour atteindre à cette
perfection , n'a besoin ni de taille ni de figure :
l'ame embellit tout ; elle a le privilége exclusif
d'attirer à elle tous les cœurs, de les entraîner, de
les subjuguer, et de leur faire croire et voir ce
qu'elle veut. Souvent échauffée par   s applaudissemens , l'ame de l'acteur s'exalt , et lui procure des élans heureux, que l'étude la plus approfondie ne lui aurait jamais donnés; souvent encore
il reçoit et communique à ceux qui sont en scène
avec lui des impressions différentes. Si les personnages qui l'entourent sont vrais dans leur diction
et dans leur intonation, l'acteur bien inspiré et
élancé , devient sublime , et il éprouve alors les
sensations qu'il communique à l'ame des spectateurs : dans le cas contraire , la vérité disparaît,
et l'art seul la remplace.

Je pense donc qu'il est impossible de peindre
et d'exprimer tous les beaux effets de la tragédie
avec des intonations calculées. On peut étonner
le public , on peut encore l'effrayer sans l'attendrir;
les véritables émotions par lesquelles on fait couler
ces larmes délicieuses qui nous rappellent à de

tendres souvenirs, n'ont point cette couleur obscure qui ne trouve d'explosion que dans des convulsions effrayantes, et qui n'inspire aux spectateurs que de l'horreur. S'il ne dépend pas toujours de soi d'être vrai et sensible, il dépend de soi au moins d'être décent, et dans ses expressions et dans ses mouvemens.

Il est plus facile à quelques acteurs de sentir et de peindre l'effroi que de l'inspirer : il faut une audace et une énergie soutenues pour avoir le droit d'en imposer aux spectateurs. Celui qui croit provoquer sa sensibilité par des efforts et par des éclats n'en aura jamais ; quand le cœur parle, la poitrine, la tête, et toutes les fibres de l'organisation lui sont subordonnés, et ne lui fournissent que les moyens nécessaires à son explosion ; mais quand la tête seule veut remplacer le cœur, elle le comprime et l'étouffe.

Il serait difficile d'exprimer le *je ne sais quoi* qui forme les dispositions du public. Deux ou trois mille personnes parties du centre et des extrêmités d'une ville, se réunissent sans se connaître, à la même heure, dans le même local. La pièce commence, et ce même public prend la même disposition, il la communique ou la reçoit des acteurs : s'ils sont assez bien inspirés pour le captiver, il devient chaud de froid qu'il était ; s'il ne le sont pas, le public, devenu distrait, communique cette

même distraction aux acteurs, et la représentation
est sans succès. Je pense encore que l'heure des
dîners s'est trop rapprochée de celle des spectacles. Ce n'est pas en sortant de table, que l'on
peut aisément se pénétrer de toutes les situations
tragiques ; à la fin d'un repas on est plus disposé
à la gaieté qu'à la tristesse. Je crois qu'aujourd'hui
la tragédie gagnerait beaucoup si l'on ne donnait
plus de petites pièces, et que l'on commençât une
heure plus tard. Une partie du public, qui ne
vient qu'entre le premier et le second actes, aurait
le temps d'arriver pour l'exposition : il jouirait
d'avantage, et les acteurs cesseraient d'être trou-
blés par le bruit de ceux qui n'entrent que pendant
la représentation. Une des causes qui nuisent le plus
à l'ensemble des représentations, tient au peu de
scrupule de quelques acteurs pour se renfermer
sévèrement dans le caractère de leur rôle. Il est
impossible à l'acteur de paraître ce qu'il doit être,
si ceux qui l'entourent osent sortir du caractère
donné à leur personnage ; le moindre contre-
sens à cet égard détruit l'ensemble, et fait perdre
entièrement au spectateur le charme de l'illusion,
par lequel l'ame éprouve ces véritables émotions
qui seules font aimer la tragédie. Pour nous convaincre de cette vérité, considérons avec quel art les
grands maîtres de la tragédie savent nuancer les
caractères, et avec quel scrupule ils les obser-

vent. *Racine* dans *Mithridate* a voulu donner à *Pharnace* un air de famille; mais il a eu l'adresse de faire disparaître ce dernier dès l'instant où il cesse de se contraindre devant son père; on reconnaît aux passions de *Pharnace*, à son caractère entreprenant et impétueux, le digne fils de *Mithridate* : il était donc impossible que ces deux personnages se soutinssent sans se nuire. *Xipharès* au contraire, par sa douceur et par sa tendresse, fait un contraste parfait avec la passion jalouse et cruelle de *Mithridate*.

Dans *Adélaïde du Guesclin*, *Couci* en parlant de *Vendôme*, dit au premier acte :

» Il est né violent, non moins que magnanime,
» Tendre, mais emporté, mais capable d'un crime.

Vendôme, au second acte, dit à *Couci* :

» Que n'ai-je, comme vous, ce tranquille courage,
» Si froid dans le danger, si calme dans l'orage ?

Voilà deux caractères bien établis et bien opposés; mais que pour se faire applaudir ou que par ignorance, *Couci* mette dans son rôle la chaleur et l'explosion que *Vendôme* seul doit avoir, il ne reste plus à ce dernier qu'une expression outrée, s'il veut lutter de force avec *Couci*; ou il cesse d'être *Vendôme*, s'il veut opposer le raisonnement à la force.

Tous les maîtres de l'art ont senti la nécessité des oppositions; et comme il est impossible de soutenir deux caractères semblables en scène, ils ont, comme l'auteur de *Rhadamiste*, forcé un des deux de se contraindre devant l'autre. *Rhadamiste* ne parle à *Pharasmane* que dans une harangue, et ne le revoit qu'au moment de son repentir et de sa mort.

Iphigénie, dans sa marche, dans ses regards, dans ses gestes, dans sa douleur, dans sa joie, ne doit avoir rien de commun avec *Eryphile*; une passion douce, chaste et pure remplit son cœur, une passion violente et jalouse tourmente *Eryphile*; la première doit donc avoir en candeur, en pudeur et en noblesse tout ce qui prouve le sang dont elle est formée: mais il ne faut pas toujours compter sur deux ou trois intonations touchantes pour nous montrer *Iphigénie*; il y a une grande différence entre la douleur d'*Iphigénie* et celle d'une simple bourgeoise. Autrefois les critiques étaient très - exigeans sur tout ce qui tient à la vraie dignité ; mais aujourd'hui qu'ils craignent d'être au-dessous de ce qu'ils voient, ils veulent faire de Melpomène une petite maîtresse, et de tous ses héros des *incroyables*. Et ils osent traiter *Achille* de *matamore*, lorsqu'il se livre tout entier à la chaleur électrique de son sang ; et cependant ces mêmes critiques ont du entendre qu'

» Achille furieux,
» Épouvantait l'armée, et partageait les Dieux.

Si chaque acteur se faisait donc un devoir sévère de se renfermer scrupuleusement dans le caractère particulier de son rôle, il en naîtrait un ensemble qui ferait valoir les uns par les autres; et le public aurait plus de plaisir à entendre des acteurs médiocres, que des acteurs à grands moyens, qui ont la prétention de vouloir réunir toutes les passions dans un rôle où ils n'en ont souvent qu'une à exprimer.

La qualité la plus essentielle à la tragédie est, comme je viens de le dire, la dignité, sans laquelle rien n'est tragique. La tragédie exige et veut toujours de la noblesse, et dans l'expression et dans le maintien; mais elle permet aussi que l'acteur varie, et sa diction et son maintien, à raison du plus ou du moins d'élévation dans les caractères. Il serait ridicule de donner au vieil *Horace* la dignité qui n'appartient qu'à *Agamemnon*. Le premier est un simple citoyen de Rome, rempli d'honneur et d'amour pour sa patrie, qui doit et peut s'exprimer avec chaleur et énergie, mais avec une vérité simple et franche que

que rien ne l'oblige à contraindre chez lui avec ses enfans ; mais *Agamemnon* doit avoir, en noblesse, tout la dignité du roi des rois : il faut que son visage et son maintien prouvent l'habitude du respect qu'on lui porte, et celle qu'il a de commander. Le jeune *Achille* doit avoir toute l'énergie et la dignité qui prouve qu'il est fils d'une déesse.

Le jeune *Rodrigue* (dans le *Cid*,) est brave aussi et impétueux comme *Achille* ; mais il existe une grande différence entre ces deux héros, et la volubilité impétueuse de *Rodrigue* dans son récit et dans

* Paraissez Navarrois, Maures et Castillans, etc.

serait blâmable dans *Achille* : *Rodrigue* essaye la gloire, *Achille* en a déjà l'habitude. Je n'ignore pas qu'il faut un grand talent pour atteindre au but que je propose ; il faut de plus des connaissances acquises, et une élévation d'ame et de principes qui n'est pas le partage de tous. — Je dirai plus , il est presque impossible de jouer parfaitement ces rôles à l'âge que l'auteur leur donne , il faut plus qu'une jeune figure et de la grace naturelle pour les bien remplir ; et malheureusement c'est à l'instant où un grand travail et une longue expérience nous ont fourni tous les moyens nécessaires à leur perfection , que le

Art Théâtral.   B

public, souvent moins frappé de notre physique
que du nombre d'années qu'il a vu s'écouler
depuis que nous les jouons, nous avertit de les
quitter.

Ceux qui ne peuvent pas atteindre à la hauteur
de leur rôle, se font, en général, une diction
et des gestes qui leur servent également pour
tous; ils trouvent plus facile de leur donner leur
taille et leur figure, que de prendre celles des
grands personnages qu'ils représentent. *Racine* n'a
pas voulu faire d'*Oreste* un *Oreste* raisonneur; il
a voulu qu'il fût furieux; et la fureur permet
d'autant moins de raisonner, qu'elle est l'effet de
la déraison. Il doit donc se livrer au désordre de
ses sens avec toutes ses forces et toute son énergie;
et nos modernes critiques osent écrire qu'*Oreste*
a été trop forcé.

Beaucoup de personnes croyent encore que la
tragédie ne doit pas être parlée; et l'habitude
qu'ils ont contractée de l'entendre souvent déclamer, leur fait penser qu'un acteur cesse d'être
noble quand il est vrai. Il me semble que rien n'est
plus facile que de la déclamer; c'est le talent de
ceux qui n'en ont pas. Mais la parler noblement
et dignement, est le sublime de l'art. Le parler
est l'expression du sentiment et de l'héroïsme; et
la déclamation n'est qu'une boufissure de ton qui
éteint la vérité pour ne faire valoir que des rimes.

Je sens qu'à côté du sublime est l'extravagance, qu'un semi-ton de plus ou de moins, peut rendre trivial ce qui serait parfait. C'est le tact fin et délicat d'un acteur qui doit lui indiquer jusqu'où il peut aller sans blesser la noblesse et la dignité tragique. Mais je suis forcé de convenir aussi, que la grandeur et la mauvaise construction de la salle qu'occupent aujourd'hui les comédiens, ne leur permettent pas tout ce qu'ils pourraient dans un local plus favorable.

Il existe encore beaucoup d'amateurs qui ont vu Melpomène dans ses plus beaux jours, et qui n'ont pas oublié avec quelle sublime simplicité mademoiselle *Duménil* parlait cette belle scène de la confidence d'*OEdipe* :

» Apprenez, apprenez, dans ce péril extrême,
» Ce que j'aurais voulu me cacher a moi-même, etc.

On n'a pas oublié non plus avec qu'elle noblesse imposante mademoislle *Clairon* parlait dans *Sertorius*, en disant :

» Vous m'aimez, Perpenna, Sertorius le dit.

Le mépris qu'elle marquait, accompagné d'un sourire dédaigneux, transportait le public. Il est mille beautés de ce genre, que je ne cite pas, et qui ne manquaient jamais leur effet.

Je suis loin de penser cependant, qu'il faille

négliger les beautés de style par une diction trop simple : je blâmerais l'acteur qui ne déclamerait pas les vers qui ont plus de pompe que de sentiment, comme ceux-ci de Zamore :

» De la Zône brûlante et du milieu du monde,

» L'astre du jour a vu ma course vagabonde , etc. etc.

Il est plusieurs circonstances où il faut une magie de diction, qui tient plus de la déclamation que du parler. La harangue d'un ambassadeur, celles qui sont adressées à tout un peuple, exigent nécessairement un peu de déclamation ; elle ne doit cependant pas aller jusqu'au chant, mais elle doit donner à la diction une dignité mâle, imposante et noble.

C'est au talent seul qu'il appartient de sentir la mesure nécessaire à cet égard. Un caractère franc et développé doit avoir une diction plus rapide qu'un profond politique. Il est impossible que celle de *Bayard* convienne à *Rhadamiste*, etc. etc. il faudrait citer trente exemples de ce que j'avance ; mais ils sont aussi inutiles pour ceux qui me comprennent, qu'ils le seraient pour ceux qui ne sentiraient pas ce que je viens d'exprimer.

Enfin pour atteindre à la perfection, il faut réunir à la profondeur des caractères, leur plus ou moins d'énergie, leur plus ou moins de sensibilité, suivant leur plus ou moins d'âge, de dignité ou de passion.

Il faut encore assez de goût pour sentir le mot
de *valeur* de chaque vers, et assez de tact pour
la donner aux beaux vers et aux belles pensées,
de manière à fixer l'attention du public sur les
choses et non sur les mots, et à glisser légèrement
sur celles qui sont froides et insignifiantes, que
l'auteur est souvent forcé d'employer pour remplir son vers ou pour atteindre sa rime. Je me
garde bien de comprendre dans ce cas les *Racine*,
etc. etc. Une diction lourde et pesante noye les beautés, et en détruit le charme : elles disparaissent même
aux yeux du spectateur, par la monotonie qu'entraîne la déclamation. Celui qui sait se pénétrer
de ce qu'il dit, ne peut s'égarer à cet égard. Je
me ressouviens d'avoir entendu dire de suite, à
un acteur de Rouen, qui jouait le vieil *Horace*,

» Qu'il mourût
» Ou qu'un beau désespoir alors le secourût. »

Il avait accoutumé le public à n'applaudir qu'à la
fin du second vers. Je fus indigné que dans la
patrie de *Corneille*, on osât le traduire si mal. Je
jouai le rôle pour rendre ce sublime *qu'il mourût*
dans toute sa pureté ; le public, étonné de me voir
porter toute mon expression sur le *qu'il mourût*
seul, n'en sentit la beauté qu'une seconde après,
et lui rendit de suite l'hommage qu'il mérite. Mais

B 3

ce *qu'il mourût* ne dépend pas toujours de celui
qui le dit ; c'est la manière de répliquer

» Que vouliez-vous qu'il fît contre trois? »

qui décide du plus ou du moins de perfection
de la réponse. Si cette réplique est donnée len-
tement sur trois tons différents , il est impossible
que le *qu'il mourût* ne perde pas tout son effet ;
ce qui prouve que les talens sont nécessaires, même
dans les plus petits rôles.

Une chose très-importante , et à laquelle beaucoup d'acteurs font peu d'attention , est la
manière d'aspirer : c'est de là que dépend , en
grande partie, le plus ou le moins de charme dans
la diction. Beaucoup d'acteurs aspirent avec tant
de précipitation , qu'ils ne peuvent éviter un ho-
quet désagréable pour eux , et pour le public , qui
souffre de la fatigue que semble éprouver l'acteur.
Il est facile d'éviter ce défaut, en se donnant le
temps d'aspirer ; mais pour cet effet, il faut mé-
nager ses moyens de manière à ne pas pousser
sa voix au point de n'en être plus maître : on est
toujours fort, quelque faible que l'on soit d'ailleurs,
quand on réserve une partie de ses forces. On ne
doit les employer (comme je l'ai déjà dit) que sur
les mots de *valeur* de chaque vers, en les ména-
geant sur les choses qui ne demandent que la

vérité simple. Je sais que souvent l'acteur élancé se laisse emporter dans des momens d'inspiration qui l'entraînent quelquefois au point de ne pouvoir continuer ; dans ce cas, s'il est vrai et juste, l'applaudissement qu'il reçoit, étant plus ou moins prolongé, à raison de la sensation qu'il produit, il a le temps de respirer et de reprendre ses forces. *Le Kain*, qui connaissait bien son public, et qui en était sûr, les jours où il avoit toute sa santé, savait ce qu'il pouvait, et ne doutait jamais de l'applaudissement nécessaire à ses repos : mais lorsqu'il était moins bien disposé, et qu'il ne sentait pas son ame et sa sensibilité à sa disposition, il aimait mieux ralentir sa diction ; et ces jours là le public ne disait pas, *Le Kain a mal joué* : on disait que *Le Kain était malade*, et on n'avait pas l'impudeur de le traduire de la manière la plus dénigrante, dans les journaux du lendemain.

Mais ceux qui, moins heureux que lui, sont obligés de lutter sans cesse contre l'intrigue et la mauvaise volonté de leur ennemis, n'ont pas la même confiance. Il est, pour nuire à l'acteur que l'on persécute et pour le déranger dans ses plus beaux momens, mille moyens, dont la saine partie du public ne se doute pas ; et je ne crains pas de dire que, dans ce cas, le plus beau des arts devient le plus vil des métiers. Il est même impossible que celui qui a l'ame assez fière pour dédaigner les petites ressources que procurent la basse complaisance et l'intrigue , et tous ces petits moyens qui font dans un jour de petites réputations , ne soit pas exposé à tous les genres de dégoûts.

On me répondra que les chenilles et les sauterelles ne dégoûtent pas d'habiter les jardins ; cela est vrai, quand il y en a peu. Mais personne n'ignore que la quantité des unes dépouille les arbres de tout leur feuillage , et que la quantité des autres est un fléau destructeur, qui a porté la désolation dans beaucoup de pays.

Dans notre état nous avons besoin d'une grande confiance : je dirai plus, si nous avons la modestie nécessaire au vrai talent , nous en avons aussi la vanité ; et si nous ne conservions pas l'espoir d'être bons , et même celui d'exciter une véritable admiration , nous ne l'exercerions pas. Il faut enfin que , de même qu'à la porte, le public nous paye comptant par ses applaudissemens et ses transports ; car dès l'instant que la toile est baissée , le souvenir de nos talens s'obscurcit , comme le théâtre lorsque la rampe disparaît. Il est donc impossible d'atteindre à la perfection, lorsqu'entouré de gens mal intentionnés , l'acteur est tracassé dans tous ses beaux momens , et exposé souvent à ne recueillir du prix de ses peines et de ses sueurs, que la fatigue de ses rôles.

Je sais qu'avec beaucoup de courage et de cons-

tance on peut triompher ; mais il vient un temps
où l'on dédaigne de vaincre les ennemis qu'on
méprise.

Un autre abus qui nuit le plus à l'ensemble, et
qui ne s'est introduit que depuis peu à la comédie
française, tient à la prétention des jeunes acteurs,
qui ne trouvent pas digne d'eux de jouer sous les
anciens des rôles secondaires.

On se rappelle encore qu'à l'ancienne comédie
française, les jeunes talens se faisaient un honneur de contribuer au succès des pièces, en bri-
gant celui de jouer à côté des *Duménil*, des *Clairon*, et des *Le Kain*. Mademoiselle *Clairon* a fait
connaître les beautés d'*Eriphyle*, que l'on avait
regardé jusqu'à cette époque comme un mauvais
rôle. Elle prouva dans celui de *Constance d'Inès*,
qu'il n'en est point de mauvais pour ceux qui ont
un vrai talent.

Molé lui-même, ce favori privilégié de Thalie,
a développé le charme de son art dans des rôles
qui passaient pour mauvais avant lui, et qui n'ont
perdu leur réputation qu'en perdant celui qui les
avait créés. L'acteur que le public écoute froidement et auquel il fait peu d'attention, est souvent
celui qui contribue le plus au succès des rôles
brillans, lorsqu'une simplicité décente fait res-
sortir par une opposition bien prononcée, toutes
les beautés des grands personnages.

La décence et la pudeur sont les compagnes inséparables de l'amour véritable ; que l'on conçoive la difficulté extrême d'un amant vertueux qui cherche avec la plus grande réserve son sort dans les yeux d'une jeune amante ; autant sa déclaration intéresse, lorsqu'elle s'adresse à un objet chaste, autant elle est ridicule, quand l'objet aimé a paru persuadé dès le premier mot.

Une ancienne actrice, en donnant des leçons à une jeune personne, dont elle voulait provoquer la tendresse et le désespoir, lui demanda ce qu'elle ferait, si elle était abandonnée d'un amant chéri. La jeune personne lui répondit qu'elle en prendrait un autre : « Fuyez, lui dit-elle, vous n'êtes » digne ni de sentir ni de jouer la tragédie. »

Malheur à celles qui s'abandonnant au libertinage, émoussent ces sensations délicieuses qui font le charme des ames sensibles.

Rendez-moi mes desirs, je vous rendrai vos plaisirs, disait madame *Deshoulières*.

Oui, les vertus sont d'autant plus nécessaires aux acteurs, qu'il est impossible de les bien exprimer lorsqu'on ne les sent pas.

Je crois que pour bien rendre toutes les passions, il faut une sensibilité exquise, que la nature ne prodigue pas à tous les individus ; je crois aussi qu'on ne peut être bon juge d'une passion que l'on ne sent pas soi-même.

Il faut nécessairement être sensible pour bien connaître toutes les nuances de la sensibilité; brave, noble, généreux et délicat, pour apprécier toutes ces rares qualités. Je pense encore qu'il est bien plus facile à un homme droit de contre-faire les vices, qu'il ne l'est à un être vicieux de bien peindre les vertus premières qui deman-dent un caractère vierge.

L'acteur qui va droit à l'ame du spectateur, trouve souvent moins d'indulgence que celui qui n'occupe que son esprit; le spectateur ému par-donne rarement l'émotion qu'il éprouve, quand elle n'est pas complète : il devient d'autant plus exigeant, que, provoqué par un mouvement vrai de sensibilité, sa fibre étant alors plus délicate, le moindre ton forcé ou faux détruit l'illusion ; et le charme disparaît.

Une étude approfondie de l'art que j'ai exercé pendant trente ans dans toutes les villes où il y a des spectacles, a dû m'apprendre à connoître l'esprit des spectateurs et celui des acteurs. Il est d'autant plus difficile de trouver dans ces derniers l'accord nécessaire au talent, que tous sont agités par des passions différentes, et par l'exaltation inévitable dans notre état; ce qui nous fait sans cesse quitter notre propre caractère, pour prendre celui que nos différens rôles exigent. Il est presque impossible, en conséquence, qu'il n'y ait pas entre

lés comédiens un choc continuel d'opinions et de
pensées, qui les éloignent ou les rapprochent suivant leur intérêt particulier. (*)

Les jeunes acteurs, qui *heureusement* ne peuvent voir la distance énorme qui est entre eux et
la perfection, croyent au moindre bruit des
applaudissemens y avoir atteint, et pensent déjà
laisser derrière eux, ceux qui, depuis nombre
d'années, ont médité leur art, lui ont consacré
leurs veilles, et ont subi toutes les épreuves iné-
vitables pour arriver au but desiré.

Ces vétérans, qui connaissent les écueils, en montrant souvent moins de confiance et d'exaltation,
savent se renfermer scrupuleusement dans leurs
personnages, et ne s'occupent pas de recueillir

(*) Ne pourrait-on pas aussi imputer à cette même
exaltation, la facilité avec laquelle se reçoivent beaucoup
de pièces faibles ou mauvaises? C'est cette opinion qui m'a
décidé, depuis plus de vingt ans, à ne plus me trouver
aux lectures.

J'ai toujours pensé qu'il était impossible de bien juger
un ouvrage sur une seule lecture; je crois que les comédiens ne devraient se faire lire une pièce, qu'après en
avoir pris connaissance chacun en particulier, et n'admettre
au jugement que ceux d'entre eux qui ont acquis par une
longue expérience, le droit d'apprécier un ouvrage.

les transports calculés, que des succès éphémères et arrangés pourraient leur procurer.

Ils sont intimement convaincus qu'il n'y aurait aucun mérite à acquérir des talens par de longues et pénibles études, si ces talens pouvaient devenir tout-à-coup le partage des débutans.

La confiance aveugle de la bouillante jeunesse est excusable, lorsqu'elle ne va pas jusqu'à la perfidie, et qu'elle n'emploie que des moyens honnêtes. Je me ressouviens d'avoir osé me comparer aussi aux premiers talens, et d'avoir cru que mon courage et ma jeune figure pouvaient me placer tout-à-coup à côté des grands maîtres ; j'étais d'autant plus disposé à le croire, que je me trouvais dans cet âge où l'on croit tout ce qui flatte.

J'ai dû lutter contre bien des obstacles ; et, malgré l'accueil flatteur que je reçus du public, dans mes débuts, je fus bientôt convaincu que, dans notre état, il ne faut jamais compter sur le succès de la veille pour celui du lendemain : le public m'attendait, non-seulement dans toutes les choses heureuses où j'avais déjà obtenu ses suffrages, mais encore dans toutes les beautés consacrées par le grand talent de *Le Kain*, qui, plus heureux que moi, succéda à un talent médiocre. *Dufresne*, malgré son beau physique, ne produisait aucune sensation dans les rôles qui

exigent tout le désordre des grandes passions ;
il chantait et déclamait constamment.

L'ame brulante et sensible de *Le Kain* fit bientôt
oublier *Dufresne* : mais ma tâche, à moi, fut
d'autant plus difficile à remplir, que je ne parus au
théâtre qu'au moment même où *Le Kain* avait
triomphé de tous ses ennemis et était au plus haut
point de sa gloire ; ce qui me fit bientôt sentir
la nécessité d'aller donner librement l'essor à mes
moyens dans la province, où je n'avais pas à doubler
ce grand artiste, qui, ayant une organisation diffé-
rente de la mienne, s'était fait un genre qui convenait autant à son moral qu'à son physique.

La nature, s'il m'est permis de le dire, m'a donné
en développemens, ce qu'elle avait donné à *Le Kain*
en réflexions concentrées ; ses explosions étaient
d'autant plus tragiques que son ame plus difficile
à émouvoir, se développait avec toute sa force dans
les scènes d'emportement ou de pathétique. Un
grand travail, l'intérêt vif que lui portait *Voltaire*,
le bonheur inappréciable d'avoir créé une partie des
beaux rôles de ce grand homme, les talens supé-
rieurs qui l'entouraient, un public composé d'une
jeunesse instruite, brûlante et sensible, qui savait
faire passer dans l'ame de l'acteur toutes les sensations qu'elle éprouvait, enfin vingt ans d'exercice
lui avaient découvert tous les secrets de cet art
difficile. Je m'aperçus bientôt qu'en cherchant à

l'imiter pour obtenir de mon organe ces déchi-
remens qui électrisaient le public, il m'était
impossible de rendre comme lui ce qui n'appar-
tenait qu'à lui ; ne pouvant imiter ses intonations qu'avec un organe qui n'était pas le mien,
j'aurais été condamné à n'être qu'une copie
froide et monotone. Le public, justement pénétré
du grand talent de *Le Kain*, ne m'aurait pas
pardonné d'oser me servir de mes moyens, et de
dire comme je sentais ; son plus léger mécontente-
tement était un arrêt de mort pour moi, et j'étais
vivement affligé au moindre signe de son improbation. Cette même sensibilité, nécessaire au vrai
talent, je ne pouvais la déposer comme le costume d'*Achille* et d'*Orosmane* ; elle me suivait
sous mes rideaux, et j'ai toujours eu des inquié-
tudes et des craintes, qui se sont renouvelées
toutes les fois que je me suis livré au public.

La jalousie, ce fléau déplorable de toutes les
sociétés, réside plus souvent au spectacle qu'ailleurs. Je sentais tout ce que je pouvais, et voyais
avec douleur que je n'osais rien exprimer à ma
manière ; c'est ce qui me décida à quitter Paris.
Je m'aperçus avec une grande joie, que la cabale,
l'intrigue et la jalousie ne m'avaient pas suivi ;
et les suffrages différens que j'ai eu le bonheur
d'obtenir, m'ont prouvé que ce qui est vrai l'est
par-tout ; et que ceux qui savent sentir sont les

seuls connaisseurs. Je suis loin de penser, comme beaucoup de gens le disent, que les talens perdent dans les départemens : il semble, à les entendre, que Paris ait seul le privilège de les former et de les conserver. Ceux qui pensent ainsi ignorent que c'est dans les départemens que sont nés la plupart des talens dont jouit Paris ; et que souvent ceux qu'il a formés, fiers de leurs succès dans la capitale, perdent beaucoup de leur lustre dans les départemens, où, moins exalté et plus réfléchi, le public ne les prise que ce qu'ils valent. Là, plus heureux qu'à Paris, je trouvais dans la bonne volonté de mes camarades, les moyens de jouer tous mes rôles, et souvent d'offrir au public, en six mois, plus de pièces que l'on n'en joue en six ans à Paris, où il m'a été impossible de faire remettre *Mithridate*, *Venceslas*, et quelques autres ouvrages que je regrète vivement de n'avoir pu jouer.

J'ose espérer qu'il ne sera pas indifférent à mes lecteurs de connaitre quelques anecdotes qui leur prouveront combien les circonstances ont d'empire sur le public et sur les acteurs: Je les prie d'avance de me pardonner si je leur parle trop souvent de moi, y étant forcé par l'impossibilité de pouvoir reporter sur d'autres les évènemens qui me sont arrivés.

C'est à la ville de Lyon que je dois mes
premiers

premiers succès ; la salle de spectacle de cette ville
est une des plus favorables que je connaisse ; Soufflot
qui en fut l'architecte, lui donna les justes proportions nécessaires au développement de toutes
les passions. C'est-là que j'osai me livrer sans con-
trainte à mes moyens naturels ; et je les employai
avec d'autant plus de confiance que je les avais
déjà essayés avec succès sur le théâtre de Bruxelles,
dont le public délicat et connaisseur, non-seulement aime les acteurs sur la scène, mais les chérit
encore dans la société quand la pureté de leurs
mœurs les en rend dignes.

Venu à Lyon, brillant de jeunesse et de
santé, enivré de mes premiers succès, pourvu de
toute la confiance que donne l'âge où l'on ne
doute de rien, je me croyais en droit de rivaliser
même *Le Kain*. Cet acteur arriva au moment même
où le public me prodiguait, et des couronnes et
des applaudissemens. Son apparition me donna
beaucoup d'humeur : il fut reçu du public comme
il méritait de l'être, et mon humeur en augmenta.
Dans le cours de ses représentations, on me proposa de jouer avec lui. Je ne crus pas un rôle
secondaire digne de moi, et je repoussai la proposition ; mes amis me firent aisément sentir le
ridicule de ma conduite ; je cédai, et crus flatter
Le Kain en lui proposant de reculer de quelques
jours la représentation d'*Adélaïde du Guesclin*,

Art Théâtral. C

dans laquelle je me proposais de jouer le rôle de *Nemours*. *Le Kain*, peu touché de ma proposition, me dit froidement qu'il ne pouvait déranger l'ordre de ses représentations. Piqué de ce refus, je passai la nuit pour remettre le rôle: on devait jouer la pièce le lendemain. Je parus au second acte: le public, qui ne m'attendait pas, me reçut avec des applaudissemens dignes seuls du talent de *Le Kain*, qui en parut étonné; il me sembla même qu'il me crut digne de sa colère, car en un seul moment son ame et son énergie se développèrent au point que j'en fus moi-même électrisé. Les spectateurs entièrement captivés frissonnaient de plaisir en l'écoutant; et, après l'avoir applaudi avec enivrement, me prêtant de nouveau toute leur attention, ils semblaient vouloir faire passer dans mon ame celle même de *Le Kain*. Il me serait difficile de peindre ce que j'éprouvai; mes cheveux se dressèrent, mon émotion devint si vive et si vraie, que tout en moi servit et mes expressions et mes mouvemens. *Le Kain* fut au-dessus de lui-même; le public redemanda à grands cris une seconde représentation. On proposa même de doubler le prix des places; *Le Kain* avoua qu'il avait été trop content de lui pour vouloir courir le risque de l'être moins une seconde fois.

On se souvient encore à Lyon de l'effet que

produisit cette tragédie. Tout dépend de l'acteur mis vis-à-vis de nous. On n'a pas oublié non plus l'impression que fit ensuite à Paris, une représentation de *Brutus*, dans laquelle *Le Kain* jouait *Arons*; *Brisard*, *Brutus*, et moi *Titus*.

Je fus tellement rempli d'admiration pour le grand talent de *Le Kain*, que je m'empressai sur-le-champ de réparer mes torts à son égard, en lui témoignant mes regrets et mon respect : il en fut vivement touché ; et depuis cette époque, il eut pour moi une véritable amitié. Ce fut lui qui me choisit pour son double, et qui me fit revenir à Paris.

Il ne me dissimula, ni les peines ni les tracasseries dont il fut accablé; ce qui prouve que ce n'est pas impunément que l'on obtient l'admiration de ses semblables.

La nature ne permet pas que celui qui paraît heureux aux yeux de tous, le soit aux siens; et cette sensibilité qui nous procure des éclairs d'un bonheur inappréciable, nous les fait souvent payer par de longues et pénibles douleurs. J'ose croire qu'on ne lira pas ici sans intérêt la lettre que je reçus de *Le Kain* deux ans avant sa mort; elle prouve qu'il a dû souffrir beaucoup depuis ce moment jusqu'à celui où il a cessé d'être.

Il fut assez heureux pour donner avant de mourir,

de nouvelles preuves de son grand talent dans le rôle de *Vendôme*, qu'il joua avec l'énergie d'un jeune homme , aussi impétueux que passionné.

Paris , ce 15 novembre 1776.

« Je vous préviens, avec chagrin , mon cher
» collègue , que la nécessité de veiller au réta-
» blissement de ma malheureuse santé, me mettra
» dans l'impossibilité de jouer la semaine pro-
» chaîne , ni à la cour , ni à la ville ; je suis
» vivement menacé d'une nouvelle inflammation
» dans les reins ; et pour la prévenir , j'ai besoin
» d'un grand régime et d'un long repos.

» Je sens , mon ami , qu'il est bientôt temps
» de me retirer, et de vous laisser le royaume à
» gouverner ; puissiez-vous mettre un peu plus
» d'ordre dans vos petits états , qu'il ne m'a jamais
» été possible de le faire !

» Je vous embrasse de tout mon cœur , vous
» et votre aimable femme.

» LE KAIN. »

La sensibilité que j'éprouve en copiant cette lettre, me rappelle la vive douleur dont j'ai été pénétré en voyant descendre dans la tombe celui qui avait conservé si long-temps le droit d'électriser ceux mêmes qui bravaient toutes les passions.

Éloignons ces tristes souvenirs, pour parler des effets que produisent les sensations du public, sur l'acteur qui est vraiment ému. Voici ce qui m'arriva en retournant dans mon pays, d'où j'avais été absent depuis mon enfance :

Vingt ans après en être sorti, je revins, en 1780, à la Rochelle, lieu de ma naissance, où je choisis *Tancrède* pour débuter. Lors de mon entrée sur la scène, ému déjà par l'empressement du public et par son accueil affectueux, dans le moment où je prononçai les deux premiers vers de mon rôle :

» A tous les cœurs bien nés que la patrie est chère !

» Qu'avec ravissement je revois ce séjour, etc.

des larmes d'attendrissement vinrent aux yeux des spectateurs, comme aux miens ; et je me trouvai heureux de ce que l'applaudissement se prolongea assez pour me donner le temps de me remettre. L'émotion délicieuse que j'éprouvai fut telle, que je ne savais plus un mot de ce que je devais dire; ce ne fut qu'après avoir repris mes sens, qu'il me fut possible de continuer : mon cœur était tellement oppressé, que je ne pus que bégayer les vers suivans. Cette époque est une de celles où j'ai été le plus vivement ému. Mon ivresse fut au comble; il me sembla que j'étais au milieu de mes parens les plus chers et de mes meilleurs amis.

Les effets que produit le public sur l'acteur qui est animé, ne sont pas moins extraordinaires au physique qu'au moral. Je me rappelle encore que dans un de mes premiers voyages à Nantes, dans le cours de mes représentations, et à la suite d'un rôle violent; je jouai *Pigmalion*. Je ne m'apperçus que lorsque le rideau fut levé, qu'on avait placé mal-adroitement une lourde et indécente statue de six pieds, en face même de *Galathée*. Etant gêné par ce colosse, j'osai l'aller prendre pour le transporter au fond du théâtre. Je sentis de la résistance; plusieurs voix s'élevèrent, en disant : « Il ne le pourra pas. » Une voix douce et sensible frappa mon oreille, en s'écriant avec une émotion et un intérêt qui me pénétrèrent : « Ah dieu ! il va se blesser. »

Ces derniers mots m'animèrent tellement que je parvins, au bruit des applaudissemens, à transporter ce colosse.

Après la pièce, quatre hommes qui avaient apporté cette statue, ne voulurent pas croire qu'il m'eût été possible de la changer de place. J'essayai en vain de le leur prouver; il me fut impossible, malgré tous mes efforts, de lui donner le moindre mouvement.

Il dépend donc en grande partie du public et de ses dispositions, d'électriser et de former des acteurs. Il est presque toujours juste, quand, livré à ses propres sensations, la cabale et l'intrigue ne cherchent pas à l'influencer. Dans ce dernier cas, il prend, sans s'en douter, l'esprit qu'elles lui communiquent; et un mot de critique échappé à côté du spectateur le mieux disposé, le refroidit à l'instant même.

Les acteurs qui s'abandonnent tout entiers au public, et qui ne font pas provoquer ses applaudissemens par des amis indiscrets et par des billets donnés, doivent être sûrs de leur progrès. Le public impartial ne se trompe guères : ses applaudissemens sont souvent mérités ; mais, quand ils sont provoqués, ils ne peuvent qu'égarer les acteurs, qui ne sont plus à même de distinguer ceux qui sont mérités, d'avec ceux qui ne le sont pas. L'acteur une fois égaré à cet égard, est condamné à la médiocrité.

Ce qui est vrai et beau, l'est toujours : ce qui ne l'est pas, malgré les efforts de l'intrigue, s'anéantit tôt ou tard. La *Phédre* de Pradon, portée aux nues, est oubliée ; celle de *Racine*, qu'on osa critiquer d'une manière outrageante, est et sera dans tous les temps, un de nos plus beaux ouvrages.

Le plus flateur des applaudissemens ne se manifeste pas toujours par le bruit des mains et les cris des *bravos.* Que l'acteur ne s'y trompe pas : il est plus difficile d'obtenir un grand silence, une attention soutenue, que des claquemens de mains; et celui qui a l'art de captiver ainsi les spectateurs, est bien plus sûr d'aller à leur cœur, que celui qui s'abandonne à de grands éclats. J'ai toujours remarqué que le public applaudissait avec plus de force les sentimens héroïques que ceux qui sont pathétiques : lorsqu'il est vraiment ému, souvent il ne pense pas à applaudir.

J'ai expliqué plus haut les différentes causes qui rendent le public facile ou sévère, quelquefois même injuste. Tous ceux qui ont honoré la scène par de grands talens, ne lui sont devenus chers qu'après avoir éprouvé ses caprices ; mais il est toujours disposé à dédommager l'acteur qu'il a affligé injustement.

Je me ressouviens qu'à la première représentation d'une *Medée* de *Clément*, je jouais un triste *Jason.* Je savais que *Medée* devait, après ma scène, se plaindre de la froideur avec laquelle je lui avais parlé; en conséquence je crus devoir ne répondre à tout ce qu'elle me dit de brûlant et de passionné, qu'avec un sang - froid glacial. Le public impatienté de me voir si froid, m'en témoigna son mécontentement, en accompagnant ma sortie d'un murmure très-prononcé; mais lorsqu'il eut entendu *Médée* se plaindre de ma froideur, il se hâta d'applaudir, pour réparer son injustice.

Une difficulté inséparable de notre état, est celle qui tient, d'après l'exposé que j'en ai fait, aux causes qui divisent souvent les acteurs au moment même où ils sont forcés de peindre, ou l'amour le plus brûlant ou l'amitié la plus vive. Je me rappelle, à ce sujet, ce qui m'arriva à Bordeaux.

J'avais fait répéter une jeune et jolie *Zaïre*. Le jour de la représentation arrivé, quel fut mon étonnement, en voyant entrer sur la scène une grande femme qui n'était ni jeune ni fraîche, et qui n'avait réclamé son droit d'ancienneté, que pour remplacer ma jeune *Zaïre*! Les comédiens n'avaient pas osé m'en prévenir, trop sûrs que je n'aurais pas consenti à jouer avec cette femme: je devins furieux; mais après avoir épuisé ma colère, ma réplique arrivée, il fallut en venir à aimer malgré moi l'objet de ma haine. Tel est l'ascendant de cet art difficile : il faudrait que l'acteur en fût pénétré au point d'oublier toutes ses passions particulières, pour prendre uniquement celles que son art exige ; il faudrait enfin qu'il se dépouillât de tout ce qui tient à lui, pour être tout entier à son personnage.

On me dira peut-être : Comment pouvez-

vous être vrai en exprimant des sentimens tout
contraires à ceux que vous éprouvez pour l'objet
à qui vous les adressez ? Je conviendrai que cela
est très-difficile, mais pas plus néanmoins que
d'emprunter le caractère et la dignité de tous ses
héros : l'acteur n'est ni *Achille*, ni *Mithridate*,
ni *Oreste* ; et cependant il doit prendre et leurs
passions et leur dignité. Il faudrait, pour atteindre
au sublime, comme je l'ai déjà dit, que l'acteur
eût assez d'empire sur ses sens pour les soumettre
en tous points au génie de l'auteur ; il faudrait
enfin qu'il eût l'art de sortir de lui-même, de
manière à se donner tout entier au personnage
qu'il représente, et à confondre toutes ses sensations dans les siennes.

Je sais que souvent *le moi* de l'acteur l'emporte
sur celui du personnage, quand il est particulièrement affecté. Dans ce cas, s'il est assez heureux
pour que son rôle ait un rapport direct avec le
sentiment qui le domine, il sera sublime ; si ce
sentiment est contraire au rôle qu'il représente,
l'illusion sera détruite, et il ne restera tout au
plus que le physique du personnage.

Je crois pouvoir citer, à l'appui de ce que je
viens de dire, ce qui m'est arrivé : ce fut après
avoir joué quarante fois, à Paris, avec succès,
le rôle très-difficile d'*Orosmane*, et après avoir
été en plusieurs occasions, appelé par le public,

pour recevoir les témoignages flatteurs de son
contentement, que je fus traité dans ce même
rôle avec la dernière rigueur.

J'avais présenté au public une jeune personne
qui joua avec moi, cinq fois de suite, le rôle de
Zaïre, avec succès. On en présenta une autre
après ce même début ; et pour prouver qu'elle
valait mieux que la première, on loua vingt loges,
qu'on eut soin de remplir de gens officieux, qui,
en relevant le mérite de la nouvelle actrice, ne
manquèrent pas de dire de moi tout ce qu'ils
purent penser de moins favorable à ma personne
et à mon talent ; et, comme on est toujours porté
à croire plutôt le mal que le bien, je fus reçu
avec une indifférence à laquelle je n'étais pas accoutumé. Cet accueil peu flatteur me refroidit en
entrant sur la scène : quelques signes d'improbation
se manifestèrent, l'indignation s'empara de moi,
moins contre mes persécuteurs, que contre ceux
qui me laissaient persécuter ; ma voix s'altéra, et
au lieu de trouver dans mon âme cette sensibilité
exquise, si nécessaire à l'amour brûlant d'*Orosmane*, je n'y trouvai que de la rage et de la fureur. On doit concevoir que dans cette situa-
tion il me fut impossible de bien jouer ; ce qui ne
me serait pas arrivé, si j'avais eu assez d'empire
sur moi pour m'oublier, et n'être qu'*Orosmane*,
ou si tous ceux qui, depuis plus de quinze ans,

me témoignaient par des applaudissemens sou-
tenus leur contentement, n'eussent trouvé quelque
secret plaisir à me voir humilier.

Ce fut à cette époque que je quittai définiti-
vement la Comédie française, à laquelle je n'ai
plus été attaché depuis comme sociétaire ; et, sans
m'occuper du soin de tirer aucune vengeance de
mes ennemis, je me dis ce que dit *Clitandre* dans
la *Coquette corrigée*.

» Le bruit est pour le fat, la plainte est pour le sot :
» L'honnête homme trompé, s'éloigne et ne dit mot.

Pour appuyer mes observations sur une des
causes qui détruisent le talent, je vais en citer
une qui prouvera ce que le mien dût gagner dans
une circonstance plus heureuse.

Deux ans après, vivement sollicité par mes
anciens camarades, et à la demande générale du
public, je me décidai à reparaître.

Je choisis le rôle d'*OEdipe* pour ma rentrée.
Je me rappellerai toujours, avec reconnaissance,
les applaudissemens qui me furent prodigués avant
même d'entrer sur la scène. Le souvenir des peines
que j'avais éprouvées en quittant, comparées
avec l'enthousiasme que le public me témoignait
si universellement, portèrent dans mon ame des
émotions si vives et si profondes, que je me crus
réellement le successeur de *Laïus*. J'étais tellement

pénétré , et je me livrai avec tant d'abandon à
ce rôle terrible, que tout *moi* fut remplacé par
OEdipe tout entier. Ce jour fut un des plus
heureux de ma vie. Le vrai bonheur tient moins
à nous qu'aux passions qui s'emparent de nos
sens ; car nous ne sommes jamais plus malheu-
reux que dans l'instant où le vide de nos idées
les ramène sur nous - mêmes ; comme nous
ne sentons le danger de cesser d'être qu'au
moment même où nous nous occupons de notre
existence. Le physique influe tellement sur le
moral , qu'en état de mauvaise santé , il est
quelquefois impossible de surmonter les terreurs
paniques qui s'emparent de nous. J'en éprouvai,
il y a trois ans , un effet très singulier.

Mademoiselle *Raucour* me pria de lui donner
une représentation d'*OEdipe* à l'Odéon. Dans
l'intervalle du jour où je lui avais promis à celui
de la représentation, je tombai malade. Comptant
plus sur mon courage que sur ma santé, je n'osai
prendre sur moi de lui proposer de reculer. La
salle était louée toute entière ; et , craignant de lui
faire manquer une recette considérable par un
effet bisarre de ma maladie, qui me laissait croire
que je devais en mourir, j'arrivai sur les quatre
heures au théâtre. Le monde prodigieux qui rem-
plissait la place et tous les environs de la salle,
me causa une émotion extrêmement vive. Je

parvins enfin, au travers d'une foule immense, à la loge qui m'était destinée. En m'asseyant pâle et tremblant, sur un canapé, un des directeurs de l'Odéon, qui se trouva présent, me dit : Hélas ! la pauvre *Joli* ne s'y est assise qu'une fois ; elle vient de mourir, et c'est sa loge que vous occupez. Je ne suis naturellement ni faible ni pusillanime ; mais il me fut impossible de ne pas croire que je touchais à ma dernière heure.

On dit qu'*il est un Dieu pour les enfans;* je fus convaincu ce jour-là qu'il en était un pour les comédiens. Dans l'état de dépérissement où j'étais, je ne puis concevoir où je trouvai les forces nécessaires à ce rôle violent, qu'il me fut cependant impossible de rendre aussi bien que je l'avais fait précédemment.

Dans le nombre des choses que je viens de dire sur les effets qui montent ou qui démontent les acteurs, je ne puis résister au desir de raconter ce qui m'est arrivé à mon dernier voyage à Bordeaux, où je trouvai une actrice si mauvaise et si emportée, qu'il nous était impossible de nous parler et de nous répondre, sans exciter une discordance aussi accablante pour moi que pour le public. J'osai exprimer mon mécontentement à cette actrice, qui en fut affectée au point de me détester : il fallait cependant jouer avec elle. Dans cette dure extrémité, je lui fis jouer le rôle de

Cassandre, de *Venceslas*. On sait que *Cassandre* abhorre *Ladislas*, et ne lui parle que pour l'accabler d'injures : cela me réussit complètement. Cette actrice, qu'auparavant il était impossible d'entendre sans humeur, fut tellement inspirée et trouva tant de plaisir à m'injurier, qu'elle quitta toute manière, et devint naturelle pour la première fois de sa vie : je fus enchanté d'avoir trouvé la seule occasion de lui découvrir du talent.

L'inspiration est un sentiment dominateur qui vous entraîne quelquefois au point de faire et de dire des choses que souvent l'on croit, le moment d'après, n'avoir ni faites ni dites. Je me souviens de m'être trouvé dans une circonstance semblable, il y a deux ans, à Angers, lorsqu'on célébrait une pompe funèbre pour les ministres assassinés à Rastadt. Invité par la municipalité à assister à cette cérémonie, je me rendis au lieu indiqué pour le rassemblement. Réunis au cortège, composé de toutes les autorités constituées, nous nous transportâmes en grande pompe au Temple décadaire : un peuple immense y était rassemblé. Le Temple était décoré avec soin : auprès du sarcophage, entouré de cyprès, on avait disposé une musique lugubre et imposante. Lorsque les militaires, les juges et toutes les autorités furent placés, un citoyen monta à la tribune pour y prononcer un discours analogue à la circonstance. Sa voix faible ne lui permettait pas d'être bien entendu de tout le monde ; et ne pouvant l'entendre moi-même distinctement, j'éprouvai une sorte d'impatience qui me fit dire tout-à-coup à mes voisins : « Je me ferais bien mieux entendre » que lui si j'étais à sa place. » J'étais ému, et j'éprouvais une sorte de trésaillement qui me donnait beaucoup d'agitation.

Lorsque l'orateur eut fini, je vis s'avancer vers moi le président de la municipalité, accompagné de gardes, qui me dit : « Citoyen Larive, on vient » de m'annoncer que vous aviez un discours à » prononcer, on va vous accompagner à la tri- » bune. » Que l'on se figure ce que je devins à ces mots, en voyant se porter sur moi tous les yeux, qui semblaient confirmer ce que je venais d'entendre.

Je fus tellement étonné de la proposition, que, sans répondre, je ne pus que saluer et suivre ceux qui me conduisaient. Ce ne fut qu'à l'instant de monter à la tribune que l'imprécation d'*OEdipe* se présenta à mon souvenir. Le roulement de plusieurs tambours, les yeux de quatre mille spectateurs qui se fixèrent sur moi, l'aspect de cette immense enceinte, tout porta dans mon ame un

trouble

trouble, qui redoubla bientôt, quand je m'apperçus que le premier vers que j'allais dire s'adressait aux dieux des Thébains.

Assez heureux pour pouvoir le changer sur-le-champ, je réunis toutes mes forces, en prononçant :

» Dieux des républicains, Dieux qui nous exaucez,
» Punissez l'assasin, vous qui le connaissez :
» Soleil, cache à ses yeux le jour qui nous éclaire,
» Qu'en horreur à ses fils, exécrable à sa mère,
» Errant, abandonné, proscrit dans l'univers,
» Il rassemble sur lui tous les maux des enfers ;
» Et que son corps sanglant, privé de sépulture,
» Des vautours dévorans devienne la pâture.

A ce dernier vers, le temple retentit d'applaudissemens, pendant lesquels je m'échappai dans la foule ; mes genoux tremblans ne me permirent pas de rester debout : une émotion si violente s'était emparé de moi, que je ne pouvais croire qu'il m'eût été possible d'être devenu en un moment de simple spectateur, un des principaux acteurs de cette auguste cérémonie.

Je n'ai exprimé jusqu'ici toutes mes sensations, qu'afin de prouver à-la-fois au public et aux acteurs, tout ce qu'ils peuvent ; mais il me faudrait des expressions égales à ces mêmes sensations, pour convaincre les uns et les autres de tous ces

Art Théâtral.   D

élans sublimes que donne la vérité , quand rien ne s'oppose à ses épanchemens.

Ce que je puis certifier , c'est que jamais je n'ai pu faire passer dans l'ame des spectateurs, les sentimens que je n'éprouvais pas moi-même ; et l'amour que j'ai eu pour cet art divin, a toujours été fondé sur les sensations délicieuses qu'il me procurait. J'avais du plaisir à retrouver et à nourrir ce délire enchanteur qui semblait m'élever au-dessus des mortels. Je ne le retrouvais dans l'objet de mes affections , que pour le reporter sur la scène , où prenant un nouvel aliment, il me ren-flâmait encore d'avantage.

C'est à vous, ames vraiment sensibles, qui n'avez jamais dégradé ce don précieux de la nature , cette sensibilité exquise dont on ne trouve les véritables charmes que dans la vérité , c'est à vous seuls , qu'il appartient de sentir ce que j'avance.

Je voudrais qu'il me fût possible d'exprimer tout ce qui peut contribuer aux progrès de l'art auquel je dois mes plus grandes peines et mes plus grands plaisirs. Si quelques critiques ne traitent pas mieux mes réflexions que mon faible talent, je n'en serai pas plus affecté que je ne l'ai été jusqu'à ce jour. La vérité seule offense ; et comme elle est aussi rare que précieuse, tout le monde sait que ce n'est pas toujours dans les journaux qu'on la trouve :

» La critique est aisée, et l'art est difficile ;

et s'il m'est permis de dire, en passant, un mot sur l'abus que quelques journalistes font de la liberté de la presse, j'observerai qu'ils ne peuvent être excusables que par la nécessité de remplir tous les matins leurs feuilles.

Je n'en rendrai pas moins toute la justice qui est due au très-petit nombre de ceux qui ont mérité l'estime générale. Ceux-là ne vendent, ni leurs critiques ni leurs éloges; toujours justes appréciateurs des talens, ils n'en parlent qu'avec estime, sans avoir besoin de dénigrer constamment les uns pour faire valoir les autres, et sans s'écarter de cette juste mesure qui laisse à chacun ce qui lui appartient. Ils savent que la critique ne doit avoir pour but que d'éclairer les acteurs sur leurs défauts (mais sans les calomnier), de manière à réchauffer en eux cette émulation louable qui leur donne l'espoir d'arriver à la perfection. Ces hommes honnêtes et justes respectent assez les jugemens du public, pour ne pas oser impunément dénaturer tous les matins ceux qu'il a portés la veille; ils savent qu'il est impossible d'atteindre tous les jours à la perfection dans l'art que nous exerçons, lequel exige sans cesse de nous ce qui n'en dépend pas toujours ; car il faudrait que chaque jour, à telle heure et à tel moment, nous pussions avoir en santé, en force, en sensibilité , en énergie et en exaltation, tout ce qui est nécessaire pour exprimer dans une heure, ce qu'un auteur n'a pu concevoir et sentir qu'après beaucoup de temps et de réflexions. Cet auteur a de plus l'avantage de pouvoir supprimer et effacer ce qu'il n'approuve pas ; mais nous, il faut qu'au levé de la toile nous échauffions et vivifions l'ouvrage et les spectateurs. Il est physiquement impossible que nous le puissions tous les jours également.

Celui qui serait toujours bien ne serait jamais mieux. *Voltaire* lui-même, était si pénétré de cette vérité, qu'il croyait, lorsqu'il jouait sur son théâtre à Ferney, devoir se revêtir dès le matin du costume nécessaire au rôle qu'il jouait le soir, et ne craignait pas de dire qu'il avait besoin de son costume pour se pénétrer davantage du personnage qu'il devait représenter.

Je n'oublierai jamais l'intérêt que ce grand homme portait à l'art difficile des comédiens. Il m'avait vu jouer *Zamore* quinze jours avant sa mort, et il eut la bonté de m'en témoigner son contentement; encouragé par ce suffrage honorable, je crus devoir l'aller prier huit jours après de m'entendre répéter un rôle. Je le trouvai très-accablé et presque mourant; il me dit en me voyant

entrer : « Ah ! mon ami, je ne puis plus m'occuper
» des choses de ce monde, je me meurs. Eh! mon-
» sieur, lui répondis-je avec douleur, que je suis
» vivement affligé de l'état où je vous vois! je
» dois jouer demain *Titus*; et comptant vous trou-
» ver en bonne santé, j'avais osé espérer que vous
» daigneriez me l'entendre répéter. » Tout-à-coup
il porte sur moi ses yeux d'aigle : son visage et
ses mouvemens reprennent leur ressort, et il me
dit en levant les mains : « Comment mon ami,
» vous jouez demain *Titus?* ah! dans ce cas il n'y
» a point de mort qui tienne, il faut que je
» vous le fasse répéter. » Il se lève aussitôt, va
chercher la pièce, et me fait répéter avec tant
d'intérêt, qu'il souriait avec bonté lorsqu'il était
content, et qu'il se fâchait sérieusement lorsqu'il
l'était moins. Dans ce dernier cas, sa chaleur était
telle, que me trouvant interdit, sur ce que j'osai lui
dire : « Mais monsieur, si vous criez contre moi,
» je ne pourrai pas répéter; » il me répondit en
criant encore plus fort : « Je ne crie pas contre
» vous, mon ami, je crie pour vous. »

Je crois devoir terminer ce petit ouvrage en
exhortant mes camarades à s'armer de courage
et de constance, et à dédaigner toutes les in-
trigues. Le temps que l'on passe à regarder derrière
soi et à côté de soi, est entièrement perdu, quand
le but que l'on se propose n'est rempli qu'à la

Art Théâtral. D 3

fin de la course. Je n'ai pas toujours pensé ainsi ;
mais aujourd'hui que ma carrière est remplie ,
et que le délabrement de ma mauvaise santé
m'ôte l'espoir de la terminer , avant d'avoir fait
reparaître beaucoup d'ouvrages oubliés depuis dix
ans , je crois devoir leur représenter qu'ils ne
sont que les dépositaires des chefs-d'œuvres de la
nation , et qu'ils n'ont pas le droit de priver cette
même nation du plaisir de les admirer Que
dirait-on à ceux qui oseraient dérober aux yeux
du public une partie des beaux tableaux du
Muséum ? Je le répète , le seul espoir de faire
renaître beaucoup d'ouvrages oubliés , m'avait
décidé à prolonger ma carrière théâtrale ; mais,
continuellement contrarié par de perfides in-
tentions , par cinquante - quatre ans d'existence ,
par trente-trois ans d'exercice fatiguant , et enfin
par des peines de cœur et des chagrins cuisans ,
je ne vois plus d'espoir aujourd'hui pour mon
ame active , que celui de cultiver les trésors que
la nature bienfaisante offre à tous les hommes :
ceux qui , comme moi , sont sans ambition et sans
remords savent apprécier les délices d'une
modeste et aimable retraite :

» Heureux qui satisfait de son humble fortune ,
» Libre du joug superbe où je suis attaché ,
» Vit dans l'état obscur où les dieux l'ont caché !

Qu'il me soit encore permis, sans trop abuser

de la patience de mes lecteurs, de développer
mes idées sur les moyens de ramener prompte-
ment des acteurs dignes d'honorer la scène. Que
l'on se garde bien de croire que les sujets manquent
à cet effet ; il en est encore qui , placés dans les
emplois qui conviennent à leur physique et à
leur moral , pourraient prétendre à des succès
mérités :

> Tel brille au second rang, qui s'éclipse au premier.

Dans tous les emplois de la vie, chacun a le
droit de consulter son goût et son inclination ; et
la société n'a pas celui de demander compte à un
individu de ce qu'il fait, quand l'état qu'il exerce
ne peut faire de tort qu'à lui : mais quand l'état
qu'il prend intéresse la société entière , il ne
devrait pas lui être permis de le prendre , sans
l'aveu de cette même société. Je desirerais donc
qu'il fût possible d'établir une espèce de jury
d'artistes ou d'amateurs choisis , qui, distingués par
la pureté de leurs mœurs et par des connaissances
acquises , eussent le droit d'admettre ou d'écon-
duire tous ceux qui se destinent au théâtre , après
avoir jugé de leurs dispositions. On m'opposera
peut-être qu'on a toujours eu des talens sans
avoir employé le nouveau moyen que je propose.
Je répondrai qu'à l'époque où nous avons eu le
plus de talens réunis, les théâtres et les genres

n'étaient pas aussi multipliés qu'ils le sont aujourd'hui ; et qu'à cette époque même , on ne
représentait que des ouvrages dignes de l'admiration publique, qui forçaient les acteurs à des
études profondes , et à des connaissances que la
plupart d'entre-eux ont dû négliger d'acquérir, en
employant leur talent aux représentations des rap-
sodies dont on a empoisonné depuis la scène.
Les drames ont commencé cette décadence , les
monstruosités l'ont achevée; et voilà le motif qui
a fait embrasser la carrière du théâtre à tous
ceux qui ne savent faire que des grimaces, et qui
souvent ont la prétention ridicule de vouloir
former des élèves dans tous les genres. Celui qui
n'a aucune des qualités requises pour être l'organe
de nos chefs-d'œuvres , dérange en les avilissant,
l'accord de leur représentation , en détruit
l'illusion, en dégoûte le public, et cause autant de
préjudice aux auteurs qu'aux artistes et aux
directeurs.

J'ai toujours entendu dire que l'on ne se connaissait pas soi-même; or , celui qui ne se connaît
pas , ne doit pas avoir le droit de disposer de la
société en disposant de lui.

Le théâtre est l'école des passions; c'est à la
représentation d'une belle tragédie , que souvent
une jeune et honnête personne laisse échapper son
premier soupir; c'est-là qu'elle sent le besoin

d'aimer. La tendre inquiétude qui la tourmente, pour la première fois, ne la quitte plus; et c'est de ce moment même que son cœur devient son seul confident.

Le théâtre étant une galerie où tous les états, tous les caractères et toutes les passions doivent être exprimés avec vérité et décence, on ne saurait être trop sévère sur le choix des sujets qui peuvent inspirer d'une manière plus ou moins pure et chaste, les différens sentimens dont dépendent le bonheur ou le malheur de la jeunesse. Le grand principe de toutes les représentations, doit être de faire chérir la vertu en peignant tous ses avantages, et de faire abhorrer le vice en en montrant toute l'horreur.

Le théâtre influe d'autant plus sur les caractères, que c'est-là qu'ils commencent à se développer. Le jeune homme trop timide encore pour s'avouer à lui-même ses goûts et ses penchans, commence à se connaître aux représentations de nos tragédies. Il cherche dans les différentes passions qu'il voit exprimer, celle qui convient à ses sensations; c'est là que se manifestent ses premiers élans pour l'amour de son pays. C'est avec *Orosmane* qu'il apprend à aimer, avec *Achille* qu'il sent le besoin de la gloire, avec *Auguste* qu'il apprend à pardonner, et avec *Burrhus* qu'il connaît l'austère vertu.

Si les acteurs chargés de peindre ces grands caractères, qui portent des impressions profondes dans le cœur sensible de la jeunesse, n'ont pas l'art d'en bien exprimer les vertus et tous les avantages, ils ne les feront pas aimer; s'ils n'ont pas celui de peindre le vice dans toute son horreur, le jeune homme oubliera les principes de *Burrhus*, pour ne se ressouvenir que des perfidies de *Narcisse* et des cruautés de *Néron*.

Que n'ai-je en ce moment une éloquence égale à la sensibilité que j'éprouve! Je parviendrais à persuader ce que je ne fais qu'exprimer faiblement, et j'aurais l'espoir d'être utile, en contribuant à épurer nos théâtres, qui bientôt rameneraient quelques-uns de ces hommes égarés, à cet état naturel qui donne pour son semblable les sentimens généreux par lesquels l'homme est lié à l'homme. Il n'en est point, quelque féroce qu'il soit devenu, qui, rendu à lui-même, ne gémisse sur l'état d'ivresse où l'a porté celui qui l'a dénaturé.

Ils ne sont devenus tels qu'après avoir usé toutes les sensations bienfaisantes que la nature donne à tous également; c'est alors qu'ils n'ont plus trouvé dans leur cœur blasé que le crime pour aliment.

Le zèle du Gouvernement et ses principes pour l'encouragement des arts, nous donnent enfin l'espoir consolateur de les voir bientôt renaître; il sait apprécier les talens en les traitant avec justice et avec bonté : en mon particulier, je n'ai qu'à me louer des procédés honorables que j'ai éprouvés de sa part, en cédant au desir qu'il a eu de me réunir à mes anciens camarades. Que son commissaire, le citoyen *Maherault*, trouve ici les témoignages de ma reconnaissance : il est impossible d'employer des moyens plus délicats que les siens pour tout concilier; et j'avoue qu'il est du nombre des hommes qu'il est impossible de ne pas aimer.

Je m'en rapporte donc aux moyens que le Gouvernement se propose d'employer, à l'effet de rendre aux théâtres leur première splendeur.

Le desir que j'en ai me fait croire qu'il sera indispensable d'établir à Paris, un nouveau théâtre français, qui, sous l'administration de celui qui existe, servirait à former et à exercer tous les nouveaux sujets qui seraient trouvés dignes d'y être admis. Sans ce moyen il serait difficile de remplacer tous ceux qui ont rempli leur carrière, ou qui sont sur le point de l'achever.

Je crois encore qu'il ne serait pas indifférent pour ce bel art, que tous les artistes qui l'ont exercé avec quelques succès fissent part au public et à leur camarades, de leur observations. Elles ne pourraient que contribuer efficacement aux progrès de cet art difficile, qui ne laisse après lui que de faibles souvenirs, bientôt hélas! entièrement effacés.

FIN

www.ingramcontent.com/pod-product-compliance
Lightning Source LLC
LaVergne TN
LVHW022147080426
835511LV00008B/1299